Rolf Flückiger

Die Luft

Kernthemen des Sachunterrichts
fächerübergreifend erschließen

2./3. Klasse

Gedruckt auf umweltbewusst gefertigtem, chlorfrei gebleichtem
und alterungsbeständigem Papier.

1. Auflage 2010
Nach den seit 2006 amtlich gültigen Regelungen der deutschen Rechtschreibung
© by Brigg Pädagogik Verlag GmbH, Augsburg
Alle Rechte vorbehalten.

Originalausgabe © 2007 elk *verlag* AG, CH-Winterthur, www.elkverlag.ch
Rolf Flückiger
Luft

Das Werk und seine Teile sind urheberrechtlich geschützt. Jede Nutzung in anderen als den gesetzlich zugelassenen Fällen bedarf der vorherigen schriftlichen Einwilligung des Verlages. Hinweis zu § 52a UrhG: Weder das Werk noch seine Teile dürfen ohne eine solche Einwilligung eingescannt und in ein Netzwerk eingestellt werden. Dies gilt auch für Intranets von Schulen und sonstigen Bildungseinrichtungen.

Illustrationen: Peter Kornherr

ISBN 978-3-87101-**609**-7   www.brigg-paedagogik.de

INHALTSVERZEICHNIS

4	**Einführung**
	Sachwissen
5	Wer braucht Luft? Und wofür?
8	Fliegen, schweben, fallen
9	Was ist Luft?
10	Luft hat ein Gewicht
12	Luft hat Kraft
13	Atem
15	Atmosphäre
16	Hilfe, Luftverschmutzung!
17	Was ist das Kyoto-Protokoll?
18	Klimaerwärmung
19	Wind
20	Winde und ihre Namen
21	Windstärken
22	Zerstörerische Kraft
23	Windmühlen und Windräder
24	Heißluftballon – Gasballon
25	Flugzeuge
26	Merksätze Luft
	Sprache
27	Luft oder Wind
28	Was fliegt denn da?
29	Was der Sturmwind alles kann
31	Wind als Freund und Feind
32	Ein stürmischer Herbstnachmittag
33	Redensarten
34	Der kleine Wind
35	Luftballon-Geschichte
36	Gedichte
37	Ich bin der Wind
38	Welcher Flieger fliegt am weitesten?
	Experimente, Aufträge
39	Begegnungen mit Luft / Atemspiele
40	Ballon und Buch / Zauberei?
41	Kerze im Wasser / Taucherglocke
42	Ballonflug / Luftschloss bauen
43	**Lösungen**

EINFÜHRUNG

MYSTERIUM LUFT Luft ist nicht nichts. Luft umgibt uns, Luft ist überall. Gerade weil es so selbstverständlich ist, lohnt es sich, genauer hinzuschauen und das Interesse für das Thema „Luft" zu wecken. Zudem bringen alle Kinder bereits Erfahrungen mit, ohne sich dessen bewusst zu sein.

Luft ist lebensnotwendig für Pflanzen, Tiere und Menschen. Luft hat Kraft. Wir nutzen diese Kraft für die Fortbewegung (z. B. Segelschiffe, Surfbretter) und zum Teil auch zur Energiegewinnung (Windkraft).
Luft kann aber auch zerstören. Die gewaltigen Auswirkungen der Luft erleben wir bei Sturm oder sehen sie in Nachrichtenbildern, wenn Tornados und Hurrikane innerhalb von Sekunden Bäume umknicken, Häuser abdecken und Verwüstungen anrichten.

ZEITPUNKT Am besten eignen sich die Herbstmonate: Herbstwinde und Herbststürme lassen die Luft hautnah erleben. Wir sind fasziniert von ihrer Fähigkeit, die Welt um uns herum zu bewegen.
Da Luft aber immer und überall vorhanden ist, können Sie das Thema selbstverständlich jederzeit bearbeiten.

EXPERIMENTE UND AUFTRAGSKARTEN Mit verschiedenen Experimenten wird die Luft handlungsorientiert erfahren. Das aktive Erleben steht im Mittelpunkt. Geben Sie als Lehrkraft die Anweisungen mündlich oder die Kinder lesen die Aufträge auf den Karten Schritt für Schritt durch und führen sie aus.
Tipp: Auftragskarten laminieren; so sind sie für den Gebrauch besser geschützt.

Entdecken – erleben – staunen! Das sind die wichtigsten Voraussetzungen, damit wir die Kinder für unsere Umwelt, also auch für unsere Luft sensibilisieren können. Nur durch Erkenntnisse und Wissen verstehen sie die Notwendigkeit, für die Reinheit unserer Luft zu sorgen.

Wer braucht Luft? Und wofür?

Text

Klebe die Bilder zum passenden Text.

Das Feuer braucht den Sauerstoff aus der Luft. Sonst brennt es nicht.	Luft treibt die Windmühlen an.	Der Fallschirm wird durch die Luft gebremst. Ohne Luft würde er wie ein Stein herunterfallen.
Der Papierflieger segelt durch die Luft. Die Luft trägt ihn.	Menschen, Tiere und Pflanzen brauchen Luft zum Atmen. Ohne Luft gibt es kein Leben.	Viele Musikinstrumente brauchen Luft, damit sie klingen.
Ein Vogel lässt sich von der Luft tragen.	Die Wäsche trocknet. Die Luft nimmt die Wassertröpfchen auf.	Auch im Wasser sind Luftteilchen. Fische nehmen Sauerstoff durch die Kiemen auf.

Wer braucht Luft? Und wofür?

Bilder für das Arbeitsblatt (S. 5)

Klebe die Bilder zum passenden Text.

Wer braucht Luft? Und wofür?

Überlege dir, wer Luft braucht und wozu Luft nötig ist. Wähle Bilder aus und schreibe einige Sätze dazu. Vielleicht weißt du noch eigene Beispiele.

Fliegen, schweben, fallen

Durch die Schwerkraft oder Erdanziehungskraft fallen alle Dinge Richtung Boden. Wegen des Luftwiderstands fallen sie unterschiedlich schnell, je nachdem welche Form sie haben, wie schwer und wie groß sie sind. Wenn keine Luft da wäre, würde auch der Luftwiderstand fehlen. Und dann würden alle Dinge gleich schnell fallen.

Lasse verschiedene Gegenstände fallen und beschreibe, wie sie sich Richtung Boden bewegen.

Welche Tiere fliegen, welche fliegen nicht? Streiche die Tiere durch, die nicht fliegen können.

Marienkäfer, Biene, Frosch, Storch, Adler, Schildkröte, Fledermaus, Spitzmaus, Libelle, Heuschrecke, Ente, Pinguin, Fisch, Mücke, Schmetterling, Eichhörnchen, Eule, Rabe, Fuchs, Schwalbe

Was ist Luft?

Schreibe die Sätze mit den Wortabständen. Welche Wörter werden großgeschrieben?

Luftisteingemischausverschiedenengasen.

Luft ist ein Gemisch aus verschiedenen Gasen.

Luftbestehthauptsächlichausstickstoffundsauerstoff.

Luft besteht hauptsächlich aus Stickstoff und Sauerstoff.

Luftistdurchsichtigundgeruchlos.

Luft ist durchsichtig und geruchlos.

Lufthateingewichtundlufthatkraft.

Luft hat ein Gewicht und Luft hat Kraft.

Windistnichtsanderesalsbewegteluft.

Wind ist nichts anderes als bewegte Luft.

Luftumgibtunsüberall.

Luft umgibt uns überall.

Luft hat ein Gewicht

Text

Galileo Galilei konnte vor etwa 220 Jahren beweisen, dass Luft ein Gewicht hat. Und alles, was Gewicht hat, wird von der Erdanziehungskraft angezogen, das heißt, es fällt in Richtung Boden. So bleibt uns die Luftschicht rund um die Erde erhalten, sie „fliegt" nicht davon.

1 Kubikmeter Luft wiegt ungefähr 1 Kilogramm. Das heißt also, in einem Klassenzimmer befinden sich über 100 Kilogramm Luft.

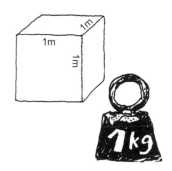

Wir spüren dieses Gewicht nicht, weil unser Körper Gegendruck gibt. Nur wenn du schnell mit einer Seilbahn oder einem Lift hinauffährst, spürst du einen Druck in den Ohren.

In der Höhe wird die Luft immer dünner und du kannst den äußeren Druckabfall nicht schnell genug ausgleichen. Das Umgekehrte gilt bei der Abwärtsfahrt: Da gibt es außen einen Druckanstieg. Das Trommelfell wird durch den Überdruck oder Unterdruck stark gespannt. Das ist der Druck, den du spürst. Wenn du Schluckbewegungen machst, kann sich der Druck schneller ausgleichen.

Luft ist nicht immer gleich schwer.
Wärmere Luft ist leichter als kältere Luft, sie hat viel weniger Moleküle.
Die Luft wird in der Höhe allmählich dünner.
Bereits ab 2000–3000 Metern gibt es merklich weniger Sauerstoff.

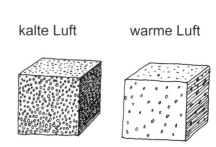

Moleküle sind winzigste Teilchen; in einem Kubikzentimeter Luft am Boden befinden sich rund 28 Trillionen Moleküle. In der Höhe werden es immer weniger.

Das Gewicht der Luft übt Druck aus.
Der Luftdruck wird mit dem Barometer gemessen:
Sinkender Luftdruck kündigt kühlere Luftmassen und Regen oder Schnee an.
Steigender Luftdruck deutet auf Temperaturanstieg und schönes Wetter hin.

Luft hat ein Gewicht

Leseverständnis

Kreuze die passenden Antworten an.

Luft hat	☐	immer ein Gewicht.
	☐	manchmal ein Gewicht.
	☐	kein Gewicht.
Luft ist	☐	immer gleich schwer.
	☐	immer gleich leicht.
	☐	verschieden schwer.
Das Barometer misst	☐	die Lufttemperatur.
	☐	die Luftfeuchtigkeit.
	☐	den Luftdruck.
Warme Luft dehnt sich aus. Sie ist	☐	leichter als kalte Luft.
	☐	schwerer als kalte Luft.
	☐	gleich schwer wie kalte Luft.
Kaugummi kauen ist gut	☐	gegen Höhenangst.
	☐	für das Gehör.
	☐	für den Druckausgleich bei schnellen Höhenunterschieden.
Moleküle	☐	sind winzigste Teilchen, aus denen Dinge und Lebewesen zusammengesetzt sind.
	☐	ist ein italienisches Wort.
	☐	kannst du einfach zählen.
Je weiter oben,	☐	desto dünner wird die Luft.
	☐	desto schwerer wird die Luft.
	☐	desto mehr Druck übt die Luft aus.

Luft hat Kraft

Luft ist elastisch

Luft lässt sich zusammendrücken. Wenn der Druck nachlässt, dehnt sie sich rasch wieder aus.

Versuch mit einer Fahrradpumpe:
Ziehe den Kolben aus dem Pumpenrohr.
Halte die Ausström-Öffnung zu und schiebe den Kolben kräftig nach unten. Die Luft wird jetzt zusammengedrückt.
Lass den Griff jetzt plötzlich los. Der Kolben schnellt zurück – die zusammengedrückte Luft dehnt sich aus.

Luft kann antreiben

Segelschiffe und Surfer nutzen die Kraft des Windes. Auch Windräder werden durch die strömende Kraft des Windes in Bewegung gesetzt.

Versuch mit einer Ballonrakete:
Schiebe einen Trinkhalm auf eine Schnur.
Spanne die Schnur. Blase einen Ballon auf und klemme mit einer Wäscheklammer die Öffnung zu. Klebe den Ballon an den Trinkhalm.
Öffne die Wäscheklammer.

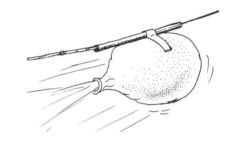

Luft kann bremsen (Luftwiderstand)

Du hast sicher schon einmal deinen Schirm gegen Wind und Regen gestemmt. Du hast den Luftwiderstand gespürt. Je nach Größe und Form eines Körpers ist der Luftwiderstand größer oder kleiner.

Ein Fallschirm hat einen sehr großen Luftwiderstand – die Luft kann nicht vorbeiströmen und die nach unten offene Halbkugel wird stark gebremst.

Fallschirm basteln:
Du brauchst ein quadratisches leichtes Stoffstück, vier Fäden und eine Büroklammer. Knüpfe an jede Ecke des Tuches einen Faden. Nimm die vier Fäden zusammen und knote eine Büroklammer daran. Lasse deinen Fallschirm aus einem Fenster oder von einem Turm fallen.

Atem

Text

Menschen

Wenn wir atmen, ziehen wir Luft durch die Nase in unseren Brustkorb. Dort wird sie von der Lunge aufgenommen und in die unzähligen winzigen Lungenbläschen gepresst. Der in der Luft enthaltene Sauerstoff gelangt durch die feinen Hüllen der Lungenbläschen in den Blutkreislauf und somit in alle Teile unseres Körpers. Die Luft, die wir ausatmen, enthält Wasserdampf und das Gas Kohlendioxid (CO_2). Unsere Atmung geschieht automatisch und ist lebensnotwendig. Schon drei Minuten ohne Sauerstoffzufuhr sind lebensgefährlich.

Pflanzen

Auch Pflanzen brauchen Sauerstoff für ihre Atmung. Umgekehrt geben sie wieder Sauerstoff ab und zwar mehr, als sie selber für ihre Atmung brauchen. Das geschieht bei der sogenannten Fotosynthese: Pflanzen nehmen das Gas Kohlendioxid aus der Luft auf. Sie wandeln es mithilfe von Sonnenlicht und Wasser in Sauerstoff und Traubenzucker um. Die Pflanzen kommen so zu ihren Nährstoffen und uns liefern sie Sauerstoff.

Unsere Wälder wirken wie große Filter. Die vielen Pflanzen binden die Schmutzpartikel in der Luft an sich. Wir atmen „gereinigte" Luft ein.

Fische

Auch im Wasser gibt es Sauerstoff. Er ist im Wasser gelöst und kann von Menschen nicht aufgenommen werden. Darum müssen Taucher ihren Sauerstoff aus der Flasche beziehen.

Fische atmen, indem sie Wasser durch das Maul saugen und durch die Kiemenspalten wieder ausstoßen.

In den zarten Kiemenoberflächen nimmt der Fisch den im Wasser gelösten Sauerstoff in sein Blut auf.

Atem

Fragen

Richtig oder falsch? *Kreuze das passende Kästchen an.*

	richtig	falsch
Wir atmen die Luft durch Nase oder Mund ein.		
Die Luft gelangt direkt ins Herz und ins Hirn.		
Wir haben einen Lungenflügel.		
Wir brauchen den Sauerstoff, damit unser Körper funktioniert. Ohne Sauerstoff – kein Leben.		
Wir atmen das Gas Kohlendioxid wieder aus.		
Nach drei Tagen ohne Sauerstoff wird es lebensgefährlich.		
Pflanzen atmen den Sauerstoff nur über ihre Früchte ein.		
Kohlendioxid heißt abgekürzt CO_2.		
Bei der Fotosynthese wandeln die Pflanzen Kohlendioxid in Sauerstoff und Karamellbonbons um.		
Bei der Fotosynthese geben Bäume mehr Sauerstoff an die Umgebung ab, als sie selber brauchen.		
Wälder reinigen unsere Luft.		
Im Wasser gibt es keinen Sauerstoff.		
In der Flasche, die die Taucher auf dem Rücken tragen, ist Tee.		
Fische atmen mit den vorderen Flossen.		
Fische nehmen den im Wasser gelösten Sauerstoff durch ihre Kiemenoberflächen auf.		

Atmosphäre

Die Atmosphäre ist für uns ein perfektes System. Verschiedene Luftschichten umhüllen die Erde wie ein schützender Mantel. Sie reichen über 100 Kilometer weit in den Weltraum.

- Die Lufthülle liefert allen Lebewesen Atemluft. Der darin enthaltene Sauerstoff sichert unser Überleben.

- Sonnenlicht ist eine wichtige Energiequelle und tut uns gut. Es gibt aber auch schädliche Strahlen. Die Atmosphäre schützt uns davor, aber nicht immer genug – deshalb:
  - Schütze deine Haut mit Sonnencreme.
  - Schütze deine Augen mit einer Sonnenbrille oder einem Hut, der Schatten spendet.
  - Trage eine Kopfbedeckung.
  - Spiele im Schatten.

- Die Atmosphäre hält die Temperaturen relativ stabil. Bei Himmelskörpern ohne Atmosphäre schwanken die Temperaturen enorm. Auf dem Mond gibt es Temperaturen zwischen +120 °C und –60 °C.

- Die Atmosphäre schützt die Erdoberfläche vor den vielen Meteoriten, die in den Anziehungsbereich der Erde gelangen. Sie verglühen durch die entstehende Reibungshitze beim Eintritt in die Atmosphäre. Das sind dann die bekannten Sternschnuppen.

- Erwärmung und Abkühlung bewegen die Luftmassen in der Atmosphäre. Diese bewegte Luft nennen wir Wind. Kleinere Verschmutzungen werden so von selbst weggetragen und gereinigt.

Die Atmosphäre ist eine unserer Lebensgrundlagen. Deshalb sorgen wir für die Atmosphäre und die Reinheit unserer Luft.

Schreibe auf der Rückseite zu jedem Stichwort einen Satz.
Atemluft, Sauerstoff, Sonnenstrahlen, Schatten, Temperaturen, Sternschnuppen, Wind, Verschmutzung, sorgen

Hilfe, Luftverschmutzung!

Wie riecht Schneeluft? Wie riecht Luft nach einem Gewitter? Wir alle erfreuen uns an frischer Luft.

Wie riecht Luft hinter einem alten Lastwagen? Wie riecht Luft neben einem vergammelten Abfallsack? Es „stinkt" und wir drehen uns weg.

Schreibe eigene Beispiele in die Tabelle.

Das rieche ich gern.	Das rieche ich nicht gern.

Dank strengen Gesetzen und Verordnungen hat sich die Qualität unserer Luft verbessert. In Autos, Fabrikschornsteine, Verbrennungsanlagen und Heizungen müssen heute Filter eingebaut werden, die größere Schmutzpartikel zurückhalten.

Trotzdem stoßen vor allem Heizungen, Flugzeuge und Motorfahrzeuge Abgase und Feinstaub aus, die schädlich sind. Die Luftverschmutzung kommt schleichend und ist für uns meist unsichtbar und sogar geruchlos. Die Feinstaubteilchen in der Luft können Hustenreiz, entzündete Augen und Atemprobleme auslösen.

Suche in Zeitschriften oder im Internet Bilder von „Luftverschmutzern" und klebe sie hier auf.

Was ist das Kyoto-Protokoll?

Flugzeuge, Motorfahrzeuge und Heizungen, die mit Kohle, Holz, Erdöl oder Erdgas betrieben werden, belasten unsere Atmosphäre mit zu viel CO_2. Das Kohlendioxid ist für uns zwar nicht giftig, führt aber zu einer Erwärmung der Atmosphäre. Das wissen auch Politiker. Deshalb haben sie sich auf einer Konferenz in der japanischen Stadt Kyoto getroffen. Dort haben sie darüber gesprochen, was man tun sollte, damit in Zukunft die Atmosphäre nicht weiter erwärmt wird.

Sie haben das alles in einen Vertrag geschrieben, in das **Kyoto-Protokoll**. Seit dem 16. Februar 2005 gilt dieser Vertrag. Alle Länder, die den Vertrag unterschrieben haben, müssen sich auch daran halten.

Ein guter Plan
Alle Länder sollen dafür sorgen, dass bis zum Jahr 2012 viel weniger Kohlendioxid (CO_2) in die Luft gelangt. Bis heute haben 150 Länder das Kyoto-Protokoll unterschrieben.

Nicht alle machen mit
Zu den Ländern, die am meisten Abgase in die Luft blasen, gehören die USA, Russland und auch China. Diese haben das Kyoto-Protokoll noch nicht unterschrieben.

Hast du gewusst, dass Deutschland zu den Ländern mit den meisten Motorfahrzeugen pro Einwohner gehört? Im Jahr 2008 waren es über 45 Millionen.

Hast du gewusst, dass man viel Energie einsparen könnte, wenn alle Elektrogeräte nach Gebrauch ganz abgestellt würden? Kaffeemaschinen, Fernseher, Stereoanlagen – überall brennen noch Lämpchen (Standby-Funktion).

Hast du gewusst, dass Heizungen und Warmwasseraufbereitung mit Erdöl, Erdgas, Kohle und Holz die größte Menge CO_2 in die Luft ausstoßen? Darum ist es wichtig, dass sinnvolle Energieträger weiter erforscht werden (Erdwärme, Sonnenenergie, Windenergie, Abwärmenutzung).

Was können wir in Deutschland dazu beitragen, damit nicht mehr so viel Kohlendioxid in die Luft gelangt?
Frage verschiedene Leute und schreibe die Antworten auf die Rückseite.

Klimaerwärmung

Hast du das Wort Klimaerwärmung schon einmal gehört?
Klimaerwärmung heißt, dass die Durchschnittstemperatur auf der ganzen Erde ansteigt. Das klingt zwar im ersten Moment nicht so schlimm, aber es hat große Auswirkungen.

Lies die Stichworte und versuche einem andern Kind zu erklären, was alles passieren könnte:

Gletscher schmelzen, Pole schmelzen, es gibt mehr Wasser, die Meeresspiegel steigen, Küstengebiete werden überschwemmt, gewisse Tierarten (z. B. Eisbären) sterben aus, Millionen Menschen müssen neues Wohngebiet suchen

Der WWF[1] macht mit diesen Anzeigen auf den Klimaschutz aufmerksam. Auch große Supermarktketten wie Edeka und Aldi bemühen sich, möglichst viel Energie zu sparen. Nur wenn weniger Energie verbraucht wird, gelangt auch weniger Kohlendioxid (CO_2) in die Luft.

Ich würde ja sofort etwas fürs Klima tun.

Aber ich bin halt nur ein Inserat.

Ich würde ja sofort etwas für unser Klima tun. Aber was?
Überlege dir eigene Beispiele oder benutze die Stichwörter.

Schulweg zu Fuß statt Auto	Ausflug Fahrrad, Wandern statt Auto	Winter warme Kleider, statt stark heizen	Lebensmittel aus Umgebung statt Flugzeugtransport

---

[1] Der WWF (World Wide Fund For Nature) ist ein Naturschutzbund, der auf der ganzen Welt aktiv ist.

Wind
Wanderdiktate

Sanft bis stürmisch

Winde entstehen durch Luftdruckunterschiede.

Die Luft wird dadurch in Bewegung versetzt.

Je größer der Unterschied zwischen den Luftdruckgebieten ist, desto heftiger weht der Wind.

Die verschiedenen Windstärken bezeichnet man als Brise, Wind, Sturm und Orkan.

Winde beeinflussen unser Wetter. Sie verschieben Luft von einem warmen Ort zu einem kälteren und umgekehrt.

Winde transportieren verschmutzte Luft weg.

Winde können Landschaften verändern: sie verschieben Sanddünen, sie trocknen Böden aus, sie tragen Samen von Pflanzen davon.

Sanft bis stürmisch

Winde sind bewegte Luft.
Sie entstehen durch den Temperaturunterschied zwischen warmer und kalter Luft.
Warme Luft ist leichter als kalte und steigt nach oben.
Kalte Luft schiebt sich darunter.
So weht am Strand tagsüber immer ein kühler Wind.
Über dem Land erwärmt sich die Luft und steigt nach oben.
Sobald sie über dem Meer ist, kühlt sie sich ab, fällt nach unten und wird wieder ins Land geweht.
Winde wehen nicht immer gleich stark.

Winde und ihre Namen

Verbinde die passenden Teile.

Eine Brise ist ein kalter,	○ ○	auf kleinem Raum. Auch die Begriffe Wasserhose und Windhose werden dafür gebraucht.
Ein Hurrikan ist ein riesiger Wirbelsturm, der über dem	○ ○	Herumfliegende Äste und Ziegel können schon gefährlich werden.
Ein Tornado ist ein Wirbelsturm	○ ○	du zwar spürst, aber die Luftströmungen sind angenehm.
Der Föhn ist ein warmer,	○ ○	trockener Wind. Er bläst von Norden her.
Eine Brise ist ein Wind, den	○ ○	der mit mehr als 120 km/h übers Land fegt. Er kann große Verwüstungen und Schäden anrichten.
Ein Sturm ist ein Wind, der mit mindestens 75 km/h weht.	○ ○	Meer entsteht. Die Luft dreht sich um eine ruhige Mitte, dem Auge. Mit großer Geschwindigkeit rast er auf Küsten zu. Andere Namen für Wirbelsturm: Zyklon, Taifun.
Eine Böe ist ein heftiger,	○ ○	trockener Wind, der bei uns von Süden her weht.
Ein Orkan ist ein schwerer Sturm,	○ ○	es gibt keine Luftbewegung. Die Fahnen flattern nicht.
Windstille heißt,	○ ○	Windstoß, der nur kurz dauert.

Windstärken

Die Beaufort-Skala

Die Beaufort-Skala unterteilt die Winde in 12 verschiedene Stärken.
*Lies, was zu den einzelnen Stärken gehört. Schneide die Tabelle auseinander.
Kannst du sie wieder richtig zusammensetzen?*

Wind-stärke	Bezeichnung	Was der Wind an Land bewirkt
0	Windstille	keine Luftbewegung, Rauch steigt senkrecht auf
1	leiser Zug	kaum bemerkbar, Rauch treibt leicht ab
2	leichte Brise	Wind im Gesicht spürbar, Blätter rascheln und Flaggen bewegen sich
3	schwache Brise	Blätter und dünne Zweige bewegen sich
4	mäßige Brise	Zweige bewegen sich, Staub und loses Papier wird vom Boden gehoben
5	frische Brise	Äste und Bäume bewegen sich, auf Seen bilden sich Schaumkronen
6	starker Wind ab ca. 40 km/h	auch starke Äste und Bäume bewegen sich, Regenschirme sind nur schwer zu halten, hörbares Pfeifen
7	steifer Wind	Widerstand beim Gehen gegen den Wind, ganze Bäume bewegen sich, Wellen brechen
8	stürmischer Wind	Zweige von Bäumen brechen ab, lose größere Dinge werden umgeworfen, Gehen ist erheblich erschwert
9	Sturm ab ca. 75 km/h	Äste brechen ab, Ziegel fallen herunter, Gartenmöbel werden umgeworfen
10	schwerer Sturm	Bäume werden geknickt oder entwurzelt, Häuser beschädigt
11	orkanartiger Sturm	schwere Schäden an Wäldern, Lastwagen werden umgeworfen, ganze Dächer abgedeckt
12	Orkan ab 120 km/h	schwerste Sturmschäden und Verwüstungen

Zerstörerische Kraft

Lies den Text und dann die beiden Berichte. Überlege dir passende Überschriften.

Wirbelstürme, die je nach Gegend Hurrikan, Taifun oder Zyklon heißen, entstehen in den wärmsten Zonen unserer Erde. Heiße Luft steigt in Wirbeln auf und bildet einen Trichter. Die Luftmassen drehen sich immer schneller um das windstille „Auge". Das ist die Mitte des Trichters.
Ein Wirbelsturm kann Geschwindigkeiten von weit über 200 Kilometern pro Stunde erreichen und über dem Meer enorme Kräfte entwickeln. Mit voller Wucht trifft er auf Küstengebiete und kann große Zerstörungen und Überschwemmungen anrichten.
Stürme und Wirbelstürme bekommen jeweils einen Namen. So kann man Stürme, die zur gleichen Zeit auftreten, nicht verwechseln.

Laura Ariola lebte in einem Dorf in Honduras. Als der Hurrikan „Mitch" kam, flutete eine einzige Welle über das Land. Lauras Haus wurde weggeschwemmt, ihr Mann und ihre drei Kinder ertranken. Sie selbst klammerte sich an Palmblätter und trieb aufs offene Meer hinaus. Aus Baumwurzeln und Treibholz baute sie sich ein winziges Floß. Mit Obst und Kokosnüssen, die auf dem Wasser trieben, überlebte sie sechs Tage, ehe ein Schiff sie aufnahm. Zu diesem Zeitpunkt war sie bereits 120 km von der Küste entfernt.

Infolge des heftigen Sturmes entgleiste am Freitagvormittag ein Personenzug mit drei Waggons.
Der um 10.20 Uhr aus dem Bahnhof ausfahrende Zug wurde durch den Sturm Kyrill nach etwa 200 Metern Fahrt aus den Schienen geworfen. Dabei kippte ein Waggon auf die Hauptstraße, ein weiterer geriet in Schieflage. Außer dem Lokführer waren keine Personen im Zug. Verletzt wurde niemand. Es entstand ein Sachschaden von mehreren hunderttausend Euro.

Windmühlen und Windräder

*Lies einen der Texte und unterstreiche alle Substantive (Nomen).
Ordne mindestens 10 Substantive nach dem Alphabet.*

Windmühlen

Windmühlen nutzen die Kraft des Windes.
Der Wind treibt die Flügel an. Sie drehen sich.
Ein Zahnrad überträgt die Drehbewegung der
Flügel auf den Mühlstein. Dieser mahlt das Korn.

Die Flügel einer Mühle müssen immer in den
Wind gedreht werden. Wie geschieht das?
Bei einigen Mühlen dreht man das Dach,
bei andern wird die ganze Mühle gedreht.
Wenn der Wind zu stark bläst, verkleinert man
die Segeloberfläche der Windflügel.

Windmühlen wurden früher, etwa auf der Insel Mallorca, auch zum
Heraufpumpen des Grundwassers benutzt.

Heute findet man nur noch wenige Windmühlen in Spanien, Holland
Südfrankreich oder Griechenland.

Windkraft

Wind, Wasser und Sonnenwärme gehören
zu den erneuerbaren Energien. Sie stehen
uns, im Gegensatz zu Erdöl, Erdgas und
Kohle, fast unbegrenzt zur Verfügung.
Windkraft lässt sich aber nur dort sinnvoll
gewinnen, wo der Wind ständig weht:
an Meeresküsten, in großen Ebenen
oder im Gebirge. Die hohen Masten mit
ihren drei großen Flügelrädern sind

schon von Weitem sichtbar. Weil die Flügelnabe drehbar ist, passt sie sich
automatisch der Windrichtung an. Der Wind dreht die Propeller auf einem
Mast. Durch die Bewegung wird ein Generator angetrieben, der Strom
erzeugt. Das kannst du mit dem Dynamo an deinem Fahrrad vergleichen.

Heißluftballon – Gasballon

Im Heißluftballon wird die Luft mit einem Brenner erhitzt.
Der Gasballon ist mit Helium gefüllt.
Helium und warme Luft sind leichter als die Luft außerhalb der Ballonhülle.
Darum steigt der Ballon auf.
Kühlt sich die Luft im Ballon wieder ab, sinkt er zu Boden.
Die Ballons fliegen immer in die Richtung, in die der Wind sie treibt.

Die Erfinder des Heißluftballons waren die Brüder Montgolfier aus Frankreich. Sie fanden heraus, dass die warme Luft bei einem Feuer steigt und dass leichte Dinge davonschweben.
Die ersten Passagiere im Heißluftballon waren aber nicht Menschen, sondern ein Hahn, eine Ente und ein Schaf.
Am 21. November 1783 starteten die ersten Menschen zu einem Ballonflug. Hundert Jahre lang waren die Ballonfahrer die einzigen Menschen am Himmel.

Schreibe die Unsinnsätze richtig in dein Heft oder auf die Rückseite.

Die Brüder Montgolfier kamen aus der Schweiz. Sie haben entdeckt, dass die kalte Luft bei einem Feuer in die Höhe steigt und schwere Dinge fortträgt. Ein Wolf, ein Schaf und eine Ente waren die ersten Passagiere. Ballone fliegen immer gegen den Wind. Der Ballon steigt, weil die Luft im Ballon drin schwerer ist. Der Ballon sinkt, weil ihm die Luft ausgeht.

Flugzeuge

Was hält ein Flugzeug in der Luft? Im Gegensatz zu den Ballonen sind Flugzeuge schwerer als Luft.

Lange versuchten die Menschen Vögel nachzuahmen, was aber zu vielen Bruchlandungen führte. Erst als Bernoulli, ein Schweizer Physiker, mehr über Luftströmungen herausfand, begann das Zeitalter der modernen Flugzeuge.

Ein Flugzeug muss den Luftwiderstand und die Schwerkraft überwinden. Es fliegt nur, wenn die Schubkraft größer ist als der Luftwiderstand und der Auftrieb größer ist als die Schwerkraft.

Starke Motoren treiben Propeller und Düsentriebwerke an. Triebwerke saugen Luft an und stoßen mit großer Geschwindigkeit viel Gas aus; das ist die Schubkraft.

Dank der besonderen Form der Tragflächen oder der Flügel hält sich ein Flugzeug in der Luft. Mit großer Geschwindigkeit gleiten die Luftströme über den oberen gewölbten Rand. Auf der flacheren Unterseite strömt die Luft langsamer. Deshalb ist unterhalb des Flügels dichtere Luft als oberhalb. Also ist der Druck unter den Flügeln größer als über den Flügeln und gibt dem Flugzeug den nötigen Auftrieb.

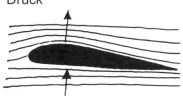

oberer Luftstrom: große Geschwindigkeit, kleiner Druck

unterer Luftstrom: langsamere Geschwindigkeit, großer Druck = Auftrieb

Den Auftrieb kannst du ganz einfach nachahmen: Halte ein dünnes Blatt Papier auf einer Seite an beiden Ecken fest. Das Blatt hängt in einem Bogen herunter. Blase oben über das Blatt. Jetzt ist dort die Geschwindigkeit größer als unter dem Blatt, wo sich die Luft kaum bewegt. Der Druck an der Unterseite ist höher, also wird das Blatt nach oben gedrückt.

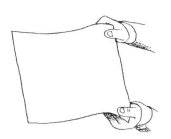

Merksätze Luft

Hier findest du Aussagen zur Luft, die du jetzt erklären kannst. Die Stichwörter helfen dir dabei. Wähle fünf Sätze aus und schreibe etwas dazu.

Warme Luft dehnt sich aus und steigt.
Ohne Luft gibt es kein Leben.
Luft braucht Platz.
Luft hat ein Gewicht.
Luft hat Kraft.
Luft ist elastisch.
Luft kann bremsen.
Luft kann antreiben.
Luft kannst du spüren.
Ohne Sauerstoff gibt es kein Feuer.
Luft kann zerstören.
Luft trägt.

Fahrradpumpe, Hurrikan, Überschwemmung, Luftballon, Heißluftballon, Kerze, Windhauch, Windräder, Fallschirm, Kind, 1 Kilogramm, Waldbrand, Segelschiff, Brise, Pflanzensamen, Autoreifen, Schmetterling, Baum, Luftdruck, Fisch

Luft oder Wind

Luft oder Wind? Schreibe das passende Wort.

	ballon	West	
	mühle		sprung
	gewehr		sack
	schatten	Rücken	
	surfer		hose
	matratze	Wirbel	
	jacke		widerstand
	rad		hund
	post		röhre
	licht		stärke

Was fliegt denn da?

Wortschatz

*Schreibe die Wörter und streiche die benutzten Silben durch.
Ein Wort ist nicht gezeichnet – schreibe es farbig.*

**Fall lon chen ter Luft pier luft der Flug li schirm
maus Schmet ke bel bal flie te bal ling lon le ter
Li He sprin Fle Ra Pa kop Dra ger ger Heiß zeug**

_____

_____

_____

_____

Was der Sturmwind alles kann

Verbenlotto

Er _____ Blätter durch die Straßen.	Er _____ die Wolken über den Himmel.
Er _____ an den Werbetafeln.	Er _____ Fenster zu.
Er _____ Hausdächer _____.	Er _____ die Haare.
Er _____ ums Haus.	Er _____ Blumen und sogar Bäume.
Er _____ den Schirm _____.	Er _____ den Hut vom Kopf.
Er _____ das Segel.	Er _____ die Windkraftwerke an.

Was der Sturmwind alles kann

Verbenlotto

wirbeln	jagen
rütteln	schlagen
abdecken	zerzausen
heulen	knicken
umstülpen	reißen
blähen	treiben

Wind als Freund und Feind

Kreuze das passende Feld an und schreibe selber weitere Beispiele auf.

	Freund	Feind
Er wirft ein Baugerüst um.		
Nach dem Turnen kühlt er mein verschwitztes Gesicht.		
Er trägt meinen Drachen in die Höhe.		
Er schüttelt die Kastanien vom Baum.		
Er trägt verschmutzte Luft weg.		
Er trocknet die Wäsche.		
Er ist beißend kalt und dringt durch alle Kleider.		
_____		
_____		
_____		
_____		
_____		
_____		
_____		

Ein stürmischer Herbstnachmittag

*Schneide die Streifen aus und bringe sie in eine richtige Reihenfolge.
Es gibt verschiedene Möglichkeiten.*

Bunte Blätter wirbeln durch die Straßen und Knuff springt ihnen nach.
Das heißt, jemand sollte mit Knuff hinaus.
Vater liest ein Buch und Mutter ist in die Zeitung vertieft.
Ich stehe auf und hole die Leine.
Es ist ein Sonntagnachmittag im November.
Er winselt und kratzt an der Tür.
Der Wind wird immer stärker. Die Äste knarren, die Bäume rauschen.
Im Wohnzimmer ist es gemütlich und warm.
Wir wandern durch den Park.
Mir wird unheimlich und ich gehe schnell zurück.
Der Dackel Knuff liegt in seinem Korb und schläft.
Ist das schön, wieder zu Hause zu sein.
Es weht ein kalter Wind und ich wickle einen Schal um meinen Hals.
Knuff erwacht, streckt sich und geht zum Wassernapf.
Knuff erledigt sein Geschäft. Ich hebe es mit dem Plastiksack auf.

Redensarten

Du hast acht Redensarten und acht Erklärungen dazu.
Schneide die Streifen aus und finde die passenden Paare.

Du bist Luft für mich.
Er hat Pläne und Ideen, die kaum durchführbar sind.
Hier ist aber dicke Luft.
Da weiß man nicht, ob es überhaupt stimmt.
Da liegt etwas in der Luft.
Ich will dich nicht sehen. Ich beachte dich nicht.
Das hängt noch in der Luft.
Es steht etwas Unangenehmes bevor.
Er lebt von Luft und Liebe.
Die Sache ist noch nicht entschieden; sie ist noch nicht spruchreif.
Das ist doch aus der Luft gegriffen.
Dieser Mensch ist mal hier und mal dort, aber nirgendwo richtig.
Er baut Luftschlösser.
Die Zeit für irgendetwas ist reif.
Das ist ein Luftikus.
Er lebt eigentlich von nichts.

Der kleine Wind

Geschichte

Lies die Geschichte und mache Windgeräusche nach. Wenn du mit den Fingern auf den Tisch trommelst, gibt es Regen dazu.

Es war einmal ein kleiner Wind, der war so klein, dass man ihn kaum spürte. Er machte so: Whhh.
Und deswegen bemerkte ihn auch keiner.
Aber der kleine Wind wollte, dass man ihn bemerkte.
Und er fing an zu wachsen, wurde stärker und machte so: Blll. Bllllllhh.
Da bemerkten ihn schon einige Leute und sagten:
„Es geht ein bisschen Luft heute."
Aber der kleine Wind wollte mehr.
Er wurde noch stärker und machte: Schschsch. Schschsch.
Da bemerkten ihn schon ganz viele Leute und sagten:
„Ganz schön windig heute, nicht?"
Aber der kleine Wind wollte von allen Leuten bemerkt werden.
Er blies, was er nur blasen konnte: Huuuuuuhuhuuuuuuh.
Da bemerkten ihn wirklich alle Leute und sagten:
„Meine Güte, was ist das für ein Wind, hoffentlich gibt es keinen Sturm!"
Und der kleine Wind pfiff glücklich um die Hauswände, zerzauste die Baumkronen und zerrte an den Fahnenstangen.
Aber jedes Mal, wenn er um eine Hausecke pfiff, verlor er ein bisschen von seiner Stärke, und er machte nur noch: Schschsch. Schschsch.
Und jedes Mal, wenn er eine Baumkrone zerzauste, verlor er wieder an Kraft und er machte nur noch: Blllllh. Blllllh.
Und jedes Mal, wenn er an einer Fahnenstange zerrte, verlor er wieder an Kraft und er machte nur noch: Whhhh. Whhhh.
Da war aus ihm wieder ein kleines Lüftchen geworden.
Und die Leute sagten: „Na, Gott sei Dank, der Wind hat nachgelassen."
Und der kleine Wind hockte traurig auf dem Schornstein und hatte überhaupt keine Kraft mehr zu blasen.
Da hörte er aus der Ferne einen Sturm heranbrausen: Schuhuschuhuhuhh.
Und die Leute rannten in die Häuser und sagten: „Das hätten wir nie gedacht, dass aus einem so kleinen Lüftchen doch noch ein Sturm werden könnte."

Luftballon-Geschichte

Lies die Geschichte, zeichne Bilder und erzähle sie nach.

Ein Vater hat seinem Kind einen Luftballon mitgebracht.
Das Kind hat sich gefreut und es hat zwei Backen voll Luft in ihn hineingeblasen.
Aber der Luftballon ist nur so groß wie eine Orange geworden.

Er soll größer sein, hat sich das Kind gedacht, so groß und so rund wie ein Kohlkopf.
Es hat noch einmal hineingeblasen und der Luftballon ist so groß und so rund wie ein Kohlkopf geworden.

Er soll noch größer werden, hat sich das Kind gedacht, so groß und so rund wie die Sonne.

Es hat sich angestrengt
– gaaaaanz tiiiiiiiief Luft geholt, hineingeblasen und der Luftballon ist …

… nicht geplatzt.
Er ist dem Kind aus der Hand gerutscht – pffffffff – und er ist wieder so klein und so schlapp geworden, wie er vorher ohne Luft war.

Gedichte

Herbstwind

Uh, das ist ein Wetter!
Uh, das ist ein Wind!
Reißt vom Baum die Blätter,
rennt an jedes Kind,
nimmt vom Kopf die Mütze,
macht sie pudelnass,
wirft sie in die Pfütze,
uh, das ist kein Spaß!

Drachen

Heute weht der rechte Wind,
heißa, Kinder raus geschwind!
Stürmt's auch toll in allen Zweigen,
heute soll mein Drachen steigen
riesenhoch, als stolzer Held
draußen auf dem Stoppelfeld.
Eins, zwei, drei, im raschen Lauf
roll ich meinen Faden auf.
Wie der Wind auch zerrt und wettert,
seht, mein Drachen steigt und klettert.
Turmhoch über Feld und Au
schwebt er in des Himmels Blau.

Ich bin der Wind

Gedicht von Erwin Moser

Partnerarbeit: Jeder liest das Gedicht laut vor. Welcher Satz wiederholt sich immer? Unterstreicht ihn jedes Mal. Schreibt das Gedicht im gleichen Stil weiter.

Ich bin der Wind.
Über die Felder
jage ich die Blätter.
Huiii und wirble sie hoch.

Ich bin der Wind.
Soll ich dir
Angst machen?
Das könnte ich auch.

Ich bin der Wind.
Den Wetterhahn auf dem Kirchturm
mache ich zum
Propeller. Wetten?

Ich bin der Wind.
Aufwachen, ihr
müden Lüfte,
ihr Stubenhocker!

Ich bin der Wind.
Meer! Soll ich dir Wellen machen?
Ich weiß, dass du
das magst.

Ich bin der Wind.
Ich bin frei.
Versucht doch,
mich einzufangen!

Welcher Flieger fliegt am weitesten?

Papierflieger falten

Es gibt ganz verschiedene Arten, einen Papierflieger zu falten. Viele Anleitungen findest du im Internet unter: www.papierflieger.net. Nicht alle fliegen gleich gut. Probiere es aus.
Für folgende Anleitung brauchst du nur ein rechteckiges Blatt Papier:

1. Falte das Blatt in der Mitte.

2. Falte die beiden oberen Ecken bis zur Mittellinie.

3. Die neuen Kanten faltest du wieder bis zur Mittellinie.

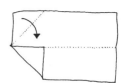

4. Nun faltest du das Blatt der Länge nach zusammen. Jetzt liegen die beiden Seiten genau aufeinander.

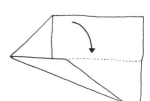

5. Knicke den ersten Flügel nach unten, dann auf der Rückseite den anderen.

6. Dann knickst du noch bei beiden Flügeln die kurze Kante nach oben.

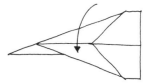

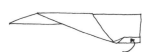

7. Klappe die Flügel so nach oben, dass eine gerade Fläche entsteht. Stelle die kurzen Seitenkanten nach oben.

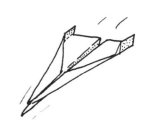

Begegnungen mit Luft

Material: Glas mit Wasser (halb voll), Trinkhalm, Ballon, Kerze, Streichhölzer, Buch, Heft

Führe einen Teil dieser Aufträge aus und beschreibe oder skizziere deine Beobachtungen.

- Du hast ein Glas mit Wasser vor dir. Puste Luft durch einen Trinkhalm ins Wasser.
- Blase einen Ballon auf. Du kannst jetzt „Luft" herumschubsen. Wenn du die Luft herauslässt, kannst du sie „quietschen" lassen.
- Zünde eine Kerze an und blase sie wieder aus.
- Halte ein offenes Buch vor dein Gesicht und klappe es zu.
- Nimm ein Heft und fächere dir Luft zu.
- Öffne ein Fenster nur einen Spalt breit. Halte eine Kerze an den oberen Fensterspalt, dann an den unteren.
- Gehe ins Freie. Was kannst du sehen, das im Zusammenhang mit Luft steht? Schreibe fünf Beobachtungen auf.

Atemspiele

Material: Tischtennisball, Seifenblasen, Trinkhalme

Führe einen Teil dieser Aufträge aus und beschreibe oder skizziere deine Beobachtungen.

- Leg dich bequem auf den Boden. Atme tief ein. Atme kräftig durch den Mund aus. Spürst du die Luft im Körper? Variante: Lasse die Luft in Vokalen (a, e, i, o, u) ausströmen.
- Halte dir die Nase und den Mund zu. Spüre, wie sehr wir die Luft brauchen.
- Partnerarbeit: Kind A liegt entspannt auf dem Boden. Kind B „bläst" Kind A pantomimisch auf. Kind A wird voller und voller bis es auf den Füßen steht. Dann lässt Kind B die Luft langsam wieder entweichen. Kind A sinkt in sich zusammen. Tauscht die Rollen.
- Partnerarbeit: Legt einen Tischtennisball in die Mitte eines Tisches. Auf „los" pustet ihr den Ball auf die gegnerische Seite. Auf wessen Platzhälfte fällt der Ball zu Boden?
- Seifenblasen-Tanz: Mache Seifenblasen und versuche, sie mit Pusten in der Luft zu halten. Versuche es auch mit einem Trinkhalm.

Zauberei?

Luft hat Kraft

Material: Becher oder Glas, Deckel, der das Glas oder den Becher abdecken kann

- Fülle das Glas mit Wasser.
- Decke das Glas mit dem Deckel ab und drücke die Hand auf den Deckel.
- Drehe das Glas samt Deckel um. Der Deckel ist jetzt unten.
- Ziehe die Hand weg.

Was passiert?
Warum ist das so?

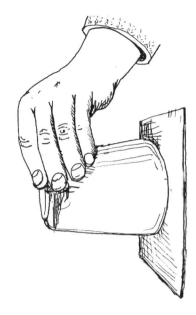

Ballon und Buch

Luft hat Kraft

Material: Buch, Ballon

- Lege ein großes Buch auf den Tisch.
- Schiebe einen Ballon unter das Buch.
- Versuche den Ballon aufzublasen.

Was wird geschehen? Rate.

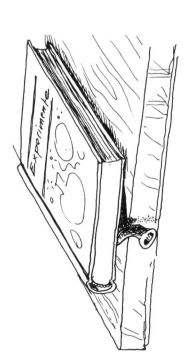

Taucherglocke

Luft braucht Platz

Material: Becher oder Glas, Papiertaschentuch, Eimer oder Schale mit Wasser

- Zerknülle das Papiertaschentuch.
- Stecke es so in den Becher oder in das Glas, dass es am Boden bleibt.
- Drehe das Glas um und tauche es langsam unter Wasser.

Was beobachtest du? Warum ist das so?
Was passiert, wenn du das Glas schräg hältst?

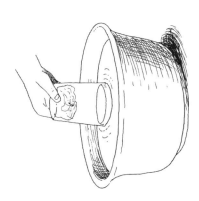

Luft braucht Platz. Wo überall erlebst du das im Alltag?

Kerze im Wasser

Luft braucht Platz

Material: Schüssel mit Wasser, Schwimmkerze, Zylinderglas

- Setze die Schwimmkerze ins Wasser und zünde sie an.
- Stülpe langsam ein Zylinderglas darüber.

Was passiert mit dem Wasser? Was passiert mit der Kerze? Kannst du das erklären?

- Ziehe jetzt das Glas vorsichtig hoch.

Was beobachtest du jetzt?

Ballonflug

Luftwiderstand

Material: verschiedenfarbige Ballone

- Blase den ersten Ballon möglichst groß auf. Knote den Ballon zu.
- Blase den zweiten Ballon so auf, dass er kleiner ist als der erste Ballon. Knote ihn zu.
- Blase den dritten Ballon nur ganz wenig auf. Knote auch diesen Ballon zu.
- Wirf alle drei Ballone in die Luft oder steige auf einen Stuhl und lasse alle drei Ballone fallen.

Was passiert? Erkläre.

Zeichne den Umriss eines großen Luftballons. Erfinde eine Luftballongeschichte und schreibe sie in den Umriss.

Luftschloss bauen

Halbklasse/Klasse

Material: doppelseitiges Klebeband, Ballone

- Zeichnet den Grundriss eures Schlosses mit Kreide auf den Boden (Turnhalle, Schulzimmer, im Freien).
- Klebt das doppelseitige Klebeband auf die Grundrisslinien und klebt die aufgeblasenen Ballone darauf.
- Die nächsten Ballone klebt ihr wieder mit einem Stück Klebeband auf die unteren Ballone.
- So entsteht ein richtiges Luftschloss. Setzt euch hinein und erzählt euch erfundene Luftgeschichten.

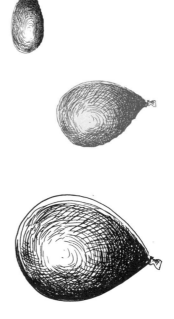

Lösungen (S. 5)

Wer braucht Luft? Und wofür?

Das Feuer braucht den Sauerstoff aus der Luft. Sonst brennt es nicht.	Luft treibt die Windmühlen an.	Der Fallschirm wird durch die Luft gebremst. Ohne Luft würde er wie ein Stein herunterfallen.
Der Papierflieger segelt durch die Luft. Die Luft trägt ihn.	Menschen, Tiere und Pflanzen brauchen Luft zum Atmen. Ohne Luft gibt es kein Leben.	Viele Musikinstrumente brauchen Luft, damit sie klingen.
Ein Vogel lässt sich von der Luft tragen.	Die Wäsche trocknet. Die Luft nimmt die Wassertröpfchen auf.	Auch im Wasser sind Luftteilchen. Fische nehmen Sauerstoff durch die Kiemen auf.

Lösungen (S. 9, 11, 14)

Was ist Luft?

Luft ist ein Gemisch aus verschiedenen Gasen.

Luft besteht hauptsächlich aus Stickstoff und Sauerstoff.

Luft ist durchsichtig und geruchlos.

Luft hat ein Gewicht und Luft hat Kraft.

Wind ist nichts anderes als bewegte Luft.

Luft umgibt uns überall.

Luft hat ein Gewicht

Luft hat immer ein Gewicht.

Luft ist verschieden schwer.

Das Barometer misst den Luftdruck.

Warme Luft dehnt sich aus. Sie ist leichter als kalte Luft.

Kaugummi kauen ist gut für den Druckausgleich bei schnellen Höhenunterschieden.

Moleküle sind winzigste Teilchen, aus denen Dinge und Lebewesen zusammengesetzt sind.

Je weiter oben, desto dünner wird die Luft.

Atem

	richtig	falsch
Wir atmen die Luft durch Nase oder Mund ein.	X	
Die Luft gelangt direkt ins Herz und ins Hirn.		X
Wir haben einen Lungenflügel.		X
Wir brauchen den Sauerstoff, damit unser Körper funktioniert. Ohne Sauerstoff – kein Leben.	X	
Wir atmen das Gas Kohlendioxid wieder aus.	X	

Lösungen (S. 14, 20)

Nach drei Tagen ohne Sauerstoff wird es lebensgefährlich.		X
Pflanzen atmen den Sauerstoff nur über ihre Früchte ein.		X
Kohlendioxid heißt abgekürzt CO_2.	X	
Bei der Fotosynthese wandeln die Pflanzen Kohlendioxid in Sauerstoff und Karamellbonbons um.		X
Bei der Fotosynthese geben Bäume mehr Sauerstoff an die Umgebung ab, als sie selber brauchen.	X	
Wälder reinigen unsere Luft.	X	
Im Wasser gibt es keinen Sauerstoff.		X
In der Flasche, die die Taucher auf dem Rücken tragen, ist Tee.		X
Fische atmen mit den vorderen Flossen.		X
Fische nehmen den im Wasser gelösten Sauerstoff durch ihre Kiemenoberflächen auf.	X	

Winde und ihre Namen

Eine Brise ist ein kalter, trockener Wind. Er bläst von Norden her.

Ein Hurrikan ist ein riesiger Wirbelsturm, der über dem Meer entsteht. Die Luft dreht sich um eine ruhige Mitte, dem Auge. Mit großer Geschwindigkeit rast er auf Küsten zu. Andere Namen für Wirbelsturm: Zyklon, Taifun.

Ein Tornado ist ein Wirbelsturm auf kleinem Raum. Auch die Begriffe Wasserhose und Windhose werden dafür gebraucht.

Der Föhn ist ein warmer, trockener Wind, der bei uns von Süden her weht.

Eine Brise ist ein Wind, den du zwar spürst, aber die Luftströmungen sind angenehm.

Lösungen (S. 20, 23)

Ein Sturm ist ein Wind, der mit mindestens 75 km/h weht. Herumfliegende Äste und Ziegel können schon gefährlich werden.

Eine Böe ist ein heftiger Windstoß, der nur kurz dauert.

Ein Orkan ist ein schwerer Sturm, der mit mehr als 120 km/h übers Land fegt. Er kann große Verwüstungen und Schäden anrichten.

Windstille heißt, es gibt keine Luftbewegung. Die Fahnen flattern nicht.

Windmühlen und Windräder
Windmühlen

Windmühlen nutzen die Kraft des Windes.
Der Wind treibt die Flügel an. Sie drehen sich.
Ein Zahnrad überträgt die Drehbewegung der
Flügel auf den Mühlstein. Dieser mahlt das Korn.

Die Flügel einer Mühle müssen immer in den
Wind gedreht werden. Wie geschieht das?
Bei einigen Mühlen dreht man das Dach,
bei andern wird die ganze Mühle gedreht.
Wenn der Wind zu stark bläst, verkleinert man
die Segeloberfläche der Windflügel.

Windmühlen wurden früher, etwa auf der Insel Mallorca, auch zum
Heraufpumpen des Grundwassers benutzt.

Heute findet man nur noch wenige Windmühlen in Spanien, Holland
Südfrankreich oder Griechenland.

*z. B. Flügel Grundwasser Holland Kraft Mühlstein Segeloberfläche
Spanien Wind Windmühlen Zahnrad*

Windkraft

Wind, Wasser und Sonnenwärme gehören
zu den erneuerbaren Energien. Sie stehen
uns, im Gegensatz zu Erdöl, Erdgas und
Kohle fast unbegrenzt zur Verfügung.
Windkraft lässt sich aber nur dort sinnvoll
gewinnen, wo der Wind ständig weht:

Lösungen (S. 23, 24, 27, 28)

an <u>Meeresküsten</u>, in großen <u>Ebenen</u> oder im <u>Gebirge</u>. Die hohen <u>Masten</u> mit ihren drei großen <u>Flügelrädern</u> sind schon von Weitem sichtbar. Weil die <u>Flügelnabe</u> drehbar ist, passt sie sich automatisch der <u>Windrichtung</u> an. Der <u>Wind</u> dreht die <u>Propeller</u> auf einem <u>Mast</u>. Durch die <u>Bewegung</u> wird ein <u>Generator</u> angetrieben, der <u>Strom</u> erzeugt. Das kannst du mit dem <u>Dynamo</u> an deinem <u>Fahrrad</u> vergleichen.

z. B. Bewegung, Dynamo, Ebenen, Fahrrad, Gegensatz, Kohle, Meeresküsten, Sonnenwärme, Wasser, Windrichtung

Heißluftballon – Gasballon

Die Brüder Montgolfier kamen aus Frankreich. Sie haben entdeckt, dass die warme Luft bei einem Feuer in die Höhe steigt und leichte Dinge fortträgt. Ein Hahn, ein Schaf und eine Ente waren die ersten Passagiere. Ballone fliegen immer mit dem Wind. Der Ballon steigt, weil die Luft im Ballon drin leichter ist. Der Ballon sinkt, weil sich die Luft in der Hülle abkühlt und somit schwerer wird.

Luft oder Wind

Luftballon, Luftgewehr, Luftmatratze, Luftpost, Luftsprung, Luftwiderstand, Luftröhre

Windmühle, Windschatten, Windsurfer, Windjacke, Windrad, Windlicht, Westwind, Windsack, Rückenwind, Windhose, Wirbelwind, Windhund, Windstärke

Was fliegt denn da?

Fallschirmspringer, Luftballon, Flugzeug, Libelle, Heißluftballon, Helikopter, Rakete, Papierflieger, Fledermaus, Drachen

Für das Wort **Schmetterling** gibt es kein Bild.

Lösungen (S. 29, 33)

Was der Sturmwind alles kann

Er wirbelt Blätter durch die Straßen.

Er jagt die Wolken über den Himmel.

Er rüttelt an den Werbetafeln.

Er schlägt die Fenster zu.

Er deckt Hausdächer ab.

Er zerzaust die Haare.

Er heult ums Haus.

Er knickt Blumen und sogar Bäume.

Er stülpt den Schirm um.

Er reißt den Hut vom Kopf.

Er bläht das Segel.

Er treibt die Windkraftwerke an.

Redensarten

Du bist Luft für mich. Ich will dich nicht sehen. Ich beachte dich nicht.

Hier ist aber dicke Luft. Es steht etwas Unangenehmes bevor.

Da liegt etwas in der Luft. Die Zeit für irgendetwas ist reif.

Das hängt noch in der Luft. Die Sache ist noch nicht entschieden; sie ist noch nicht spruchreif.

Er lebt von Luft und Liebe. Er lebt eigentlich von nichts.

Das ist doch aus der Luft gegriffen. Da weiß man nicht, ob es überhaupt stimmt.

Er baut Luftschlösser. Er hat Pläne und Ideen, die kaum durchführbar sind

Das ist ein Luftikus. Dieser Mensch ist mal hier und mal dort, aber nirgendwo richtig.

Lösungen (S. 40, 41, 42)

Versuche

Ballon und Buch
Luft braucht Platz und verschafft sich diesen mit großer Kraft.

Zauberei?
Luft drückt nicht nur nach unten, sondern gleich stark auf alle Seiten. Der Luftdruck von außen ist stärker als der Wasserdruck vom Glas her. Darum bleibt der Deckel auf dem Glas.

Kerze im Wasser
Die Luft im Glas verdrängt Wasser, der Pegelstand des Wassers wird erhöht. Die Kerze brennt weiter, bis der Sauerstoff im Glas verbraucht ist.

Die Kerze und das Wasser im Glas sind über dem Wasserstand. Durch die Verbrennung des Sauerstoffs verringert sich die Luft im Glas; das Wasser nimmt den Platz der verbrauchten Luft ein.

Taucherglocke
Im Glas ist Luft und die braucht Platz. Sie lässt sich auch durch das Wasser nicht verdrängen. Das Taschentuch bleibt in dieser Lufthülle trocken. Nach diesem Prinzip wurden früher Taucherglocken gebaut. So konnten Leute auf dem Meeresgrund arbeiten.

Luft braucht Platz: Auto- und Fahrradreifen, Ballon, Luftmatratze, Fußball

Ballonflug
Wenn ein Gegenstand fällt, wird er durch die Luft abgebremst. Das nennt man Luftwiderstand. Je größer der Ballon ist, desto größer ist der Luftwiderstand – also fällt er langsamer zu Boden.